BEI GRIN MACHT SICH IHR WISSEN BEZAHLT

AF144621

- Wir veröffentlichen Ihre Hausarbeit,
  Bachelor- und Masterarbeit

- Ihr eigenes eBook und Buch -
  weltweit in allen wichtigen Shops

- Verdienen Sie an jedem Verkauf

Jetzt bei www.GRIN.com hochladen und kostenlos publizieren

Bibliografische Information der Deutschen Nationalbibliothek:

Die Deutsche Bibliothek verzeichnet diese Publikation in der Deutschen National-bibliografie; detaillierte bibliografische Daten sind im Internet über http://dnb.d-nb.de/ abrufbar.

Impressum:

Copyright © 2016 GRIN Verlag, Open Publishing GmbH
Druck und Bindung: Books on Demand GmbH, Norderstedt Germany
ISBN: 9783668493704

Dieses Buch bei GRIN:

http://www.grin.com/de/e-book/355663/betriebswirtschaftslehre-industriemeister-kompaktwissen-fuer-die-pruefung

Stefan Geschke

Betriebswirtschaftslehre Industriemeister. Kompaktwissen für die Prüfung

Prüfungsvorbereitung in Stichpunkten

GRIN Verlag

GRIN - Your knowledge has value

Der GRIN Verlag publiziert seit 1998 wissenschaftliche Arbeiten von Studenten, Hochschullehrern und anderen Akademikern als eBook und gedrucktes Buch. Die Verlagswebsite www.grin.com ist die ideale Plattform zur Veröffentlichung von Hausarbeiten, Abschlussarbeiten, wissenschaftlichen Aufsätzen, Dissertationen und Fachbüchern.

Besuchen Sie uns im Internet:

http://www.grin.com/

http://www.facebook.com/grincom

http://www.twitter.com/grin_com

Rechtsformen

BGB – Gesellschaft (Bürgerliches Gesetzbuch Gesellschaft)
- gemeinsame Zweckverfolgung
- Gesellschaftsvertrag formlos
- Kann nicht ins Handelsregister eingetragen werden
- Gesellschaft braucht nicht nach außen auftreten
- Gleiche Beiträge
- Gesamtschuldnerische Haftung
- Gemeinschaftliche Geschäftsführung und Vertretung
- Beiträge der Gesellschafter werden gemeinsames Vermögen
- Gewinnverteilung läuft nach Köpfen

OHG – (Offene Handelsgesellschaft)
- Zweck: Betrieb eines sollkaufmännischen Handelgewerbes
- Anmeldung zum Handelsregister
- Es muss eine Firmierung vorhanden sein
- Einzelgeschäftsführung und Vertretung
- Persönliche Gesamtschuldnerische Haftung der Gesellschafter
- Haftung der Gesellschaft
    - o Unbeschränkt
    - o Direkt
    - o Solidarisch

KG – (Komandit Gesellschaft)
- mindestens 2 Personen
- Haftung: Gesellschafter 1. Komplementär (voll) 2. Komanditist (mit Einlagen)
- Muss ins Handelsregister eingetragen werden
- Entscheidungsbefugt = Gesellschafter
- Gewinn: 4% des Kapitals Rest wird angemessen verteilt
- Keinen Widerspruch des Komanditisten
- Vertretung durch Komplementär

SG – Stille Gesellschaft
Die „Stille Gesellschaft" hat viele Gemeinsamkeiten der KG, nur mit den Unterschied das der Teilhaber nur mit seiner Einlage haftet und der Gewinn Vertraglich ausgehandelt wird.

GmbH – (Gesellschaft mit begrenzter Haftung)
- für kleine und mittelständische Betriebe
- zu jedem gesetzlich zulässigen Zweck
- Haftung nur mit Gesellschaftsvermögen
- Gesellschaftsvertrag zwingend und notarisch

- Stammkapital von 25.000 €
- Pro Gesellschafter min. 100 €
- Einer oder mehrere Geschäftsführer
- Geschäftsführer und Vertretung der Gesellschaft zuständig
- Notwendige Organe
  - Geschäftsführer
  - Gesellschaftsversammlung
  - Aufsichtsrat
  - Gesellschafter
    - stellt Jahresabschluss fest
    - entscheidet Verwendung der Gewinne
    - Bestellung, Abberufung und Entlastung von Geschäftsführer
    - Prüfung und Überwachung der Geschäftsführung
- Gewinn und Verlustbeteiligung
- Rücklagenbildung

AG – (Aktien Gesellschaft)
- bevorzugte Rechtsform von Großunternehmen mit hohem Kapitalbedarf
- AG = juristische Person
- Grundkapital in Aktien zerlegt
- Gesellschaftsvertrag, Aktien müssen gegen Einlagen übernommen werden
- Mindestgrundkapital 50.000 €
- Trennung zwischen Aktionär und Vorstand
- Der Vorstand ist der eigentliche Unternehmer
- 3 Organe
  - 1. Der Vorstand
    - auf 5 Jahre bestellt vom Aufsichtsrat
    - nicht gebunden
  - 2. Aufsichtsrat
    - auf höchstens 4 Jahre bestimmt
    - von Hauptversammlung bestimmt
    - 3-21 Personen
    - dürfen nicht im Vorstand sein
  - 3. Hauptversammlung
    - keinen Einfluss auf Geschäftsführung
    - Kann nicht über die Höhe der verteilten Gewinne entscheiden
    - Bestellung des Aufsichtsrats, Entlastung von Vorstand und Aufsichtsrat
    - Bestellung der Abschlussprüfer
    - Auflösung der Gesellschaft, Satzungsänderung, Kapitalerhöhung

Einzelunternehmen
- Kaufmann betreibt Unternehmen
- Haftet für Verbindlichkeiten allein und unbeschränkt
- Gründung formlos
- Firma: Namen – eK
- Alle Entscheidungsbefugnisse
- Es steht ihm der Ganze Gewinn zu

Stille Gesellschaft

- 1 Einzelunternehmen + mindesten 1 Gesellschafter
- Stille Gesellschafter haftet nur mit Höhe der Einlage
- Gesamthandelsgesellschaft ist nicht gegeben
- Die Einlage geht in das Vermögen des Inhabers ein
- Der Stille Gesellschafter ist nur verpflichtet Einlage zu leisten
- Der Stille Gesellschafter kann den Jahresabschluss verlangen und mit dem Büchern auch prüfen
- Der Stille Gesellschafter erhält einen angemessenen Anteil am Gewinn

Genossenschaften

- Gesellschaft mit nicht geschlossener Zahl von Mitgliedern (Genossen)
- Zweck: Förderung des Erwerbs der Mitglieder
- Ziel: nicht Gewinnerzielung sondern Selbsthilfe der Mitglieder
- Alle Mitglieder sind gleichberechtigt
- Wird im Genossenschaftsregister eingetragen (= juristische Person)
- Kein festes Grundkapital

Finanzierungsmöglichkeiten

Eigenbeschaffung

- Einzelunternehmen
    - o Selbstfinanzierung
    - o Aufnahme von Stille Gesellschafter
- OhG
    - o Selbstfinanzierung
    - o Aufnahme neuer Gesellschafter
- kG
    - o Selbstfinanzierung
    - o Aufnahme

Kapitalgesellschaften

- GmbH
    - o Nachschusszahlung
    - o Aufnahme
- AG
    - o Neuausgabe
- Genossenschaften
    - o Aufnahme
    - o Selbstfinanzierung

Fremdkapitalbeschaffung

- Haftungsverhältnissen
- Eigenkapital (Höhe)
- Möglichkeiten der Eigenkapitalbasis zu erhöhen

Einzelunternehmen

- Gefahr: Unternehmensuntergang
- Haftung nur 1 Person

OhG

- Haftung mehrere Personen

KG

- Eigenkapitalbasis kann leicht erhöht werden
- Einlagen sind im Handelsregister eingetragen

AG

- Gläubigerschutz
- Unkkündbarkeit des Grundkapitals
- Bildung von Rücklagen

Beispiel zu Kapitalbeschaffung

Hans Profitlich hat eine größere Erbschaft gemacht und möchte das Geld gewinnbringend anlegen. Von seinem Nachbarn Paul Fuchs, der ein größeres Maschinenbauunternehmen betreibt, weiß er, dass dieser eine neue Maschine entwickelt hat, dass ihm aber an dem notwendigen Kapital fehlt, um seine Erfindung in größerem Umfang zu vermarkten. Seine Interessenlage legt Profitlich wie folgt dar:

> ➢ Er will seine Einlage vom 100.000 € einbringen, die mit 5% verzinst werden soll, außerdem will er am Gewinn mit 15% beteiligt werden.
> ➢ Haften will er nur mit seiner Einlage; eine Verlustbeteiligung lehnt er ab
> ➢ Nach außen will er nicht in Erscheinung treten, auch nicht durch Eintragung ins Handelsregister. Einen gewissen Einfluss auf die Geschäftsführung möchte er jedoch schon haben. Eine Mitarbeit schließt er allerdings aus.

Prüfen Sie, welche Form der Personengesellschaft für Profitlich passen würde.

Lösung: Stille Gesellschaft (siehe Seite 6)

Zusammenschluss, Fusion, Kooperation, Konzentration

Kooperation

Kooperationen oder Zusammenschlüsse zum Kartell werden überwiegend genutzt um die Marktstellung auszubauen, verbessern, sichern und die Konkurrenz zu schwächen. Es gibt verschiedene Arten zusammenzuschließen.

Kooperation
- o Freiwillig
- o Relativ lose

Merkmal: Zusammenarbeit durch Abstimmung von Funktionären oder Ausgliederung

Konzentration

- o Unterordnung unter gemeinsame Lösung
  - Durch Merheitsbeteildigung
  - Beherrschungsvertrag

Fusion (Verschmelzung)

- o Zielsetzung = langfristige Gewinnmaximierung (siehe AG)

Es gibt verschiedene Wege

1) Erhöhung der Wirtschaftlichkeit (Rationalisierung, Kostensenkung)
2) Stärkung der Wettbewerbsfähigkeit (mehr Marktanteile)
3) Minderung der Risiken (Risiko auf mehrere Partner verteilen)
4) Machposition durch Wettbewerbsbeschränkung (Einschränkung des Wettbewerbs)
5) Bildung von Organisationen (Lobbyverband, IHK, IGM)

Wer kooperiert?

Kleine Unternehmen: kooperieren um Wettbewerbsfähigkeit zu erhöhen

Großunternehmen: Konzentration um marktbeherrschende Stellung zu gewinnen

- **Beschaffungsbereich**
  - o Marktmacht ausnutzen
  - o Mengenrabatt
  - o Risikominderung
  - o Personalbeschaffung
  - o Günstige Konditionen
  - o Zusammenschluss mit vor- oder nachgelagerten Produktionsbetrieben

- **Produktionsbereich**
  - o Normung
  - o Typung
  - o Schaffung optimaler Betriebsgrößen
  - o Differenzierung
  - o Patenterwerb
  - o Ausnutzung von Auflagendegression

- **Finanzierungsbereich**
  - o Investitionsobjekte besser ausnutzen
  - o Aufbringung hoher Kapitalbeträge
  - o Erschließung internationaler Märke
  - o Gemeinsame Finanzierung von Großprojekten
  - o Vergrößerung der Eigenkapitalbasis
  - o Stärkung der Kreditwürdigkeit
  - o Risikominderung

- **Absatzbereich**
  - o Gemeinsame Vertriebsorganisation
  - o Verkaufssyndikat →sorgt für Preis und Quote (Beisp. OPEC)
  - o Marktherrschende Stellung → Monopol
  - o Risikominderung (Sicherung der Absatzmöglichkeiten)
  - o Diversifikation
    - ▪ Verbreitung des Angebots durch Aufnahme neuer Produkte
      - • Horizontal
      - • Vertikal
      - • komplementär
- **Steuerliche Ziele**
  - o Steuergefälle im internationalen Bereich

- **Sonstige Ziele**
  - o Gemeinsame Werbung
  - o Durchführung gemeinsamer technischer Vorhaben
  - o Gemeinsame Lobbyarbeit
  - o Gemeinsame Betriebsvergleiche, Marktuntersuchung

Internationalisierung und Globalisierung

Gründe für die Globalisierung
- billigere Produktion
- weltweite Zertifizierung
- bessere Marktposition wenn Produktion im Ausland
- keine Transportwege zum Kunden
- Verständnis zu Kultursysteme
- Know How und andere Ideen
- Wechselkurs

Systematisierung der Unternehmensverbindungen

1. nach rechtlicher und wirtschaftlicher Selbständigkeit

- Kooperation
- Konzentration
- Fusion

2. nach Art der verbundenen Wirtschaftsstufen

- horizontale Ebene
    - o sind: Unternehmen der gleichen Produktions- und Handelsstufe
        - Ziel: Ausschaltung der bisherigen Konkurrenz
            - Daher: marktbeherrschender Stellung
                - o Gemeinsame Grundlagenforschung
                - o Finanzierung von Großprojekten
- vertikale Ebene
    - o sind: Vereinigung aufeinander folgenden Produktions- und Handlungsstufen geht entweder:
        - „Rückwärts": (von Endstufe auf vorgelagerten Stufe) mit dem Ziel: Sicherung der Rohstoffversorgung
        - „Vorwärts": (genau Umgekehrt) mit dem Ziel: Sicherung des Absatzes
- anorganische Ebene
    - o sind: branchenfremde Zusammenschlüsse
        - Ziel: Risikoverteilung

3. nach der rechtlichen Zulässigkeit

das heißt:
- Unternehmensverbindungen die keine Wettbewerbsbeschränkungen zur Folge haben sind grundsätzlich zulässig.

Wettbewerbsbeschränkungen:
- ❖ Abschluss von Kartellverträgen
- ❖ Kartellbeschlüsse

→ Kartelle sind grundsätzlich verboten

Kooperationsformen

1. Interessengemeinschaft

a. *In weiteren Sinn*
- ✓ Vertragliche Verbindung der Interessen mehrerer Personen zu einem gemeinsamen Ziel
- ✓ Alle vertragsmäßigen Zusammenfassungen gemeinsamer Interessen selbständig bleibender Unternehmen.

➢ Ziel: Kostensenkung durch gemeinsamen Einkauf
- ✓ Aufteilung des Fertigungsprogramms
- ✓ Verwertung von Neben- und Abfallprodukten

➢ Zusammenschluss von Anteilseignern

Merkmal: Geschäftsführungen des zusammengeschlossenen Unternehmens informieren und beraten sich (Beratungsgremium)
Sind normalerweise→ BGB – Gesellschaften (Innengesellschaft)

Unterschied zum Kartell:

- **Interessengemeinschaft:**
  - o Erhöhung der Rentabilität, Durchführung bisher getrennt wahrgenommener Aktivität
- **Kartell:**
  - o Steigerung der Rentabilität durch Wettbewerbsbeschränkung

b. *in engeren Sinn (Gewinngemeinschaft)*
liegt vor Wenn:
- ✓ Erwirtschaftete Gesamtgewinne oder nur Gewinne aus bestimmten Quellen in eine gemeinsame Kasse fließen und verteilt werden.
- ✓ Probleme:
  1. Vertragliche Vereinbarung über Aufteilung vom Gewinn
  2. Gewinnermittlung
     a. Vereinbarungen über:
        i. Gewinnermittlungsvorschriften
        ii. Behandlung von Geschäftsvorfällen treffen (Abschreibung, Bewertung, Rückstellung)
     b. Organschaftsverhältnis mit Gewinnabführung
     c. Liegt vor:
        i. Über- Unterordnungsverhältnis von Untergesellschaft muss stets Gewinn abgeführt werden.

Für Kartelle gilt ein grundsätzliches Verbot! ABER
- Anmeldpflichtig.
  - o Konditions- Kartell
  - o Rabatt Kartell
  - o Normung – Typung Kartell

- o Kalkulation Kartell
- o Spezialisierung Kartell
- o Export Kartell
- o Rationalisierung Kartell

- erlaubnispflichtig
  - o Strukturkrisen Kartell
  - o Export Kartell mit Innlandwirkung
  - o Import Kartell

2.Gelegenheitsgesellschaften.

Zusammenschluss zur Durchführung einer festgelegten Anzahl von Einzelgeschäften auf gemeinsame Rechnung. Dies sind in der Regel: BGB – Gesellschaften

Motive: gemeinsame Durchführung von Projekten die, die Kapazität eines Unternehmens überschreiten, oder wenn das Risiko zu hoch für ein einzelnes Unternehmen ist. Beisp.: Autobahnbau, bau des Reichstages in Berlin.

- Arbeitsgemeinschaft
  - o Vorwiegend in der Bauwirtschaft
  - o Horizontaler oder vertikaler Zusammenschluss (Schlüsselfertigbau bei Häusern)

BGB – Gesellschaft mit Außenverhältnis schließt mit eigenen Namen und Rechnung den Vertrag mit dem Auftraggeber, führt dies aus und rechnet ab.

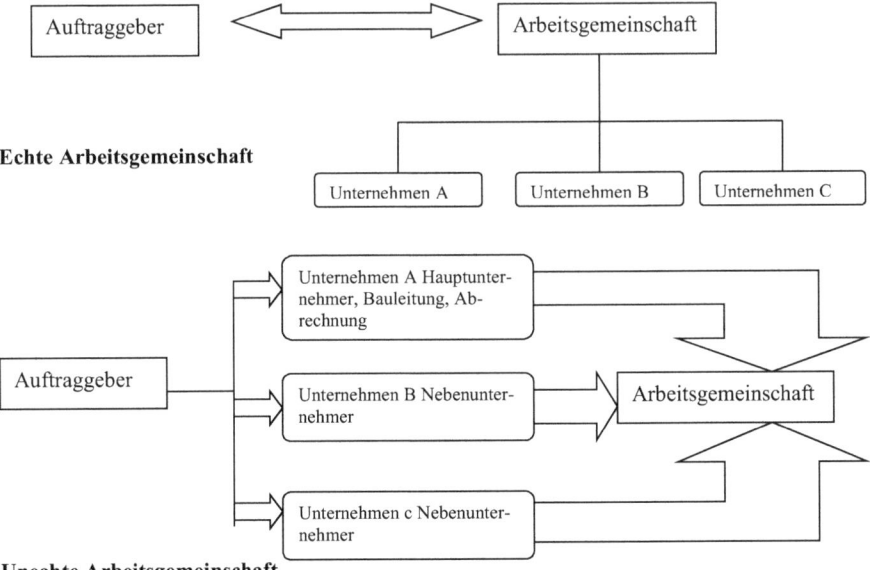

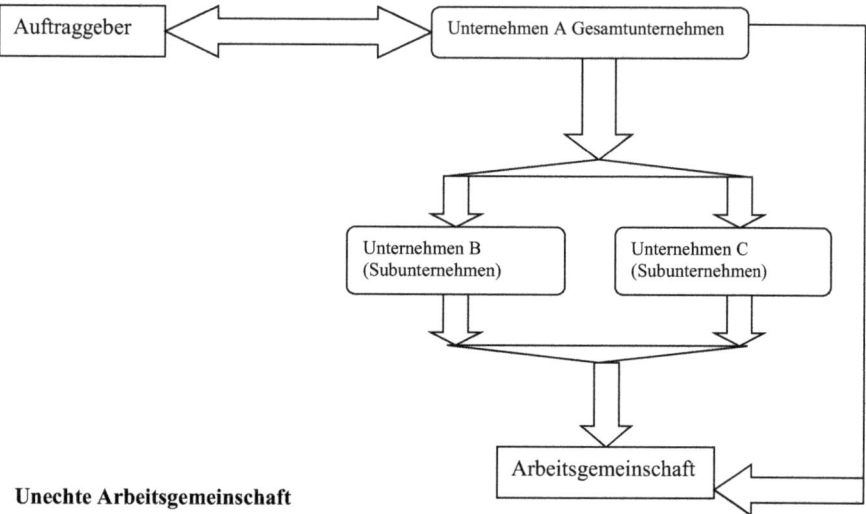

Unechte Arbeitsgemeinschaft

Konsortien (Konsortium)

- BGB – Gesellschaft
- Konsortium tritt nach außen auf
    - Durch
        - Konsortialführer vertritt Konsortium gegenüber Dritten
- Bankenkonsortium
    - Großkredite
- Emissionskonsortium
- Risikoverteilung
- Zusammenfassung der Finanzkraft

Betriebsorganisation

Begriff und Aufgaben

Betriebliches Geschehen nach bestimmten Regelungen muss geplant und mit organisatorischen Mitteln verwirklicht werden.

Organisation = Gesamtheit aller Regelungen, Prozess der Entwicklung der Ordnung

Aufgaben der Betriebsleitung = Kombination von Produktionsfaktoren (Arbeit, Betriebsmittel, Werkstoffe usw.), Ziel entsprechend gestalten

Gegenstand: gesamte betriebliche Fähigkeit

Regelung: gewährleisten, dass bestimmte Ordnung im betrieblichen Ablauf herrscht

Hauptfunktionen des Industriebetriebes

(Lehrgang Seite 14)

- Produktion
- Beschaffung
- Absatz
- Verwaltung
- Entwicklung
- Lagerung
- Leitung
- Finanzierung

Leitung:

Management, dispositiver Faktor

- Betriebsprozesse organisieren und sichern
- Festlegung von Strategien und Unternehmenspolitik
- Beseitigung von außergewöhnlichen Störungen im Betriebsablauf
  - Grundsätze einer Unternehmensleitung nach der Reihenfolge
    - Ziele setzten
    - Planen
    - Entscheiden
    - Realisieren
    - Kontrollieren

Lagerung

- Pufferfunktion
- Schutz vor Umwelteinflüssen

Fertigung

- Leistungserstellung des Betriebes
- Zusammenwirken der 3 Produktionsfaktoren

Absatz

- Leistungsverwertung
- Marketing
  - o Kundensuche
  - o Marktausweitung

Verwaltung

- rechnerische Erfassung des Betriebsgeschehens
- Personalbetreuung
- Aufbewahrung von Schriftgut

Beschaffung

- Material
- Betriebsmittel
- Personal
- Kapital

Finanzierung

- Kredite
- Banken
- Eigentümereinlagen
- Verkauf der Betriebsleistung (Waren, Produkte)

Produktionsfaktoren

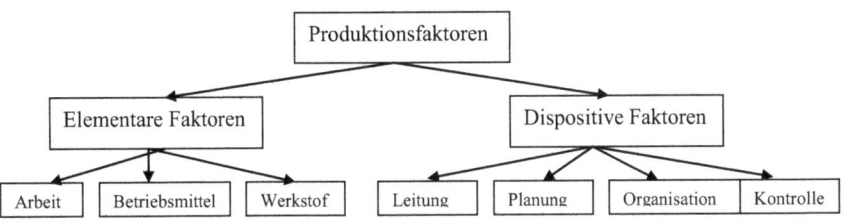

Produktionsfaktor Arbeit

Menschliche Arbeit = Einsatz physischer und psychischer Fähigkeiten eines Menschen zur Erreichung der betrieblichen Ziele

Anforderungen für die Leitung eines Industriebetriebes
- Fachliche Kompetenz (Buchhaltung, Schweißen, Arbeitsrecht, usw.)
- Strategische Kompetenz (Ideen haben, umsetzen und dafür stehen)
- Soziale Kompetenz (Mitarbeiter motivieren)
- Persönliche Kompetenz

Bedingungen der menschlichen Arbeit

Immer mehr Automatisierung, die körperliche Belastung sinkt, die nervliche Belastung steigt.
Produktivität soll erhöht werden, ist aber abhängig von:
- Eignungspotenzial (Fachliches Wissen)
- Leistungsbereitschaft
- Leistungsfähigkeit
- Äußere Arbeitsbedingungen
- Entlohnung
- Freiwillige soziale Leistungen (Betriebsrente, Unterstützungskasse)
- Mitbestimmung

Arbeitsteilung

Art- und Mengenteilung
1. Mengenteilung = gesamten Arbeitsablauf einer Teilmenge (Beispiel Schuster der einen ganzen Schuh fertigt.)
2. Artteilung = Teilablauf an gesamter Menge (Beispiel Schuster der nur die Sohle auf den Schuh nagelt)

Bei der Artteilung hat man den höchsten Rationalisierungseffekt

Vorteile der Artteilung

-   Spezialisierung: Leistung, Qualität
-   Weniger Fachkräfte
-   Schnelle Wiederholung → kurze Anlernzeit und Eingewöhnung
-   Übungsgrad steigt
-   Handhabung einfacher
-   Arbeitsplatzgestaltung wird besser (zweckmäßiger)

Nachteile der Artteilung

-   geringe geistige Anforderung
-   eintönige, monoton, langweilig
-   einseitige Beanspruchung
-   Zahl der Arbeitsschritte steigt (dadurch steigt Informationsbedarf)

Arbeitssystem

System = Gesamtheit von Elementen, deren Beziehungen einen bestimmten Zweck dienen
-   Technisches System
-   Soziale Systeme
-   Sozitechnische System

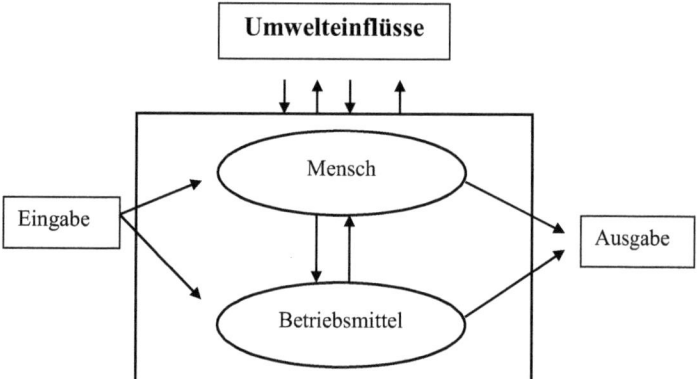

Formen der Entgeldfindung

- Schwierig
    - o Weil kaum gerecht
- Wichtig
    - o Mitarbeiterzufriedenheit
    - o Wirtschaftlichen Erfolg des Betriebes
- Grundsätze
    - o Angemessen
    - o Anforderungsgerecht
    - o Leistungsgerecht
- Komponenten
    - o

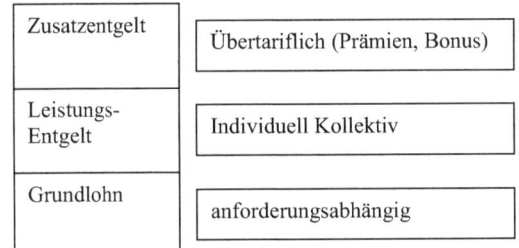

- Formen
    - o Summarische Bewertung
    - o Analytische Bewertung

Messungen von Leistungskennzahlen

Ist – Leistung ←——→ Soll – Leistung

Lohnformen
- Prämienlohn
- Zeitlohn
- Akkordlohn
- Außertarifliches Gehalt
- Pensumlohn
- Bonuslohn

Lohnform	Vorteile	Nachteil
Zeitlohn	- einfache Lohnbuchhaltung - feste Lohnhöhe - keine vernachlässigung der Qualität	- unsichere Kalkulation - geringe Leistungsgerechtig-keit - kein Leistungsanreiz
Zeitlohn mit Leistungsbeurteilung	- leistungsgerechte Beurteilung	- Merhraufwand durch Leistungsbeurteilungen

Arbeitsbewertung und Entlohnung

Oberstes Prinzip = der Lohn muss gerecht sein

Es gibt 2 Aspekte

1. anforderungsgerecht = je höher die Anforderung desto höher der Lohn
2. Leistungsgerecht = je höher die Leistung umso höher der Lohn

Anforderungsmerkmale

1. Kenntnisse
2. Geschicklichkeit
3. zusätzlicher Denkprozess
4. Verantwortung
   o Für eigene Arbeit
   o Für die Arbeit anderer
   o Für die Sicherheit anderer
5. Belastung der Muskeln
6. Belastung der Sinne und Nerven
7. Umgebungseinflüsse

Arbeitsanalyse

qualitativ

- summarischen Methode
  o Arbeitsverrichtung als ganzes beurteilt
  o Einzelne Anforderungsarten summarisch berücksichtigen

- Analytische Methode
  o Arbeitsverrichtung in einzelne Anforderungen aufteilen
  o Für jede Anforderungsart Wertzahl ermitteln

Die Summe der Einzelwerte ist der Arbeitswert

Quantitativ

- Reihung
  o Arbeitsverrichtung in Reihenfolge

- Stufung
  o Festlegung von Stufen
  o Unterschiedliche Arbeitsverrichtungen gleicher Schwierigkeit in gleicher Stufe

	Summarisch	Analytisch
Teilung	Rangfolgenverfahren	Rang
Stufung	Lohngruppenverfahren	Stufenverfahren

- Rangfolgenverfahren
  - o Ordnet Arbeitsverrichtung nach Schwierigkeitsgrad

- Lohngruppenverfahren
  - o In Stufen eingeordnet

- Stufenwertzahlverfahren
  - o Für jede Anforderungsart wird eine Wertzahl ermittelt. Die Summe der Wertzahlen ermöglicht Eingliederung

- Rangzeichenverfahren
  - o Anforderungsarten werden mit Prozentzahlen gewichtet

Lohnformen

Akkordlohn (Stücklohn)

= Bezahlung pro Stück ohne Beachtung der benötigten Zeit. Lohnkosten pro produzierte Mengeneinheit verändern sich nicht.

Vorteile
- Anreiz zur erhöhten Leistung
- Kalkulierbarkeit (Vorteil für Kostenrechnung)
- Betrieb trägt kein Risiko an Minderleistung

Nachteile
- Kräfteverbrauch
- Betriebsmittel werden stärker beansprucht
- Qualitätsminderung
- Arbeitssicherheit
- Problem bei der Ermittlung der Vorgabezeit

Voraussetzung zur Einführung von Akkordlohn
- Werkstücke müssen immer gleich sein beziehungsweise gleiche Ausgangssituation
- Eine Prozesssicherheit muss gewährleistet sein
- Es muss ein kontinuierlicher Materialfluss gewährleistet sein
- Akkordfähig ist gegeben wenn der Ablauf im Voraus bekannt ist
- Die Arbeitskraft muss eingearbeitet sein
- Die Vorgabezeiten müssen nachvollziehbar sein

Ermittlung der Vorgabezeit
1. Messung der Zeit der Arbeitsverrichtung
2. Schätzung des Leistungsgrades

Der Leistungsgrad = Verhältnis der effektiven Leistung zu einer durch Erfahrung gewonnener Normalleistung

Der Leistungsgrad ist die Istleistung durch Normalleistung mal 100

Die Normalzeit ist die Istzeit mal Leistungsgrad durch 100

Zeitgrad ist die Sollzeit durch die Istzeit mal 100

Lohnarten

⇒ Feste Vergütung für einen bestimmten Zeitraum

Zeitlohn mit Leistungszulage

⇒ Leistungszulage nach subjektivem Ermessen des Vorgesetzten
⇒ Oder analytische Bewertung mittels Punktesystem anhand von zuvor definierten Merkmalen

Anwendung

⇒ Die Arbeitskraft hat keinen Einfluss auf die Leistungsmenge.
⇒ Bei quantitativ nicht messbarer Leistung.
⇒ Bei Aufgaben mit hohen Anforderungen an z.B.: Sorgfalt, Präzision.

Es besteht ein direkter Zusammenhang zwischen der individuellen Leistung und der

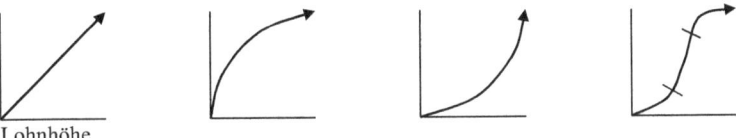

Lohnhöhe.
⇒ Die Lohnlinie kann nach oben begrenzt werden.

Linear   Degressiv   Progressiv   Pro-/Degressiv

⇒ Man unterscheidet in:
- Zeitakkord = Kennzahl ist die Zeit (Zeitgrad)
- Geldakkord =   Menge ⇔ Geld

Vorteile des Zeitakkords:

⇒ Beziehung zwischen Lohn und Leistung ist klar ersichtlich.
⇒ Planung, Steuerung und Abrechnung ist mit Vorgabezeiten möglich.

Nachteile des Zeitakkords:

⇒ Qualität lässt nach
⇒ Höherer Krankenstand
⇒ Aufwand für die Pflege der Vorgabezeiten ist sehr hoch (Hoher Aufwand für Verrechnung)

Anwendung:

⇒ Wenn der MA direkten Einfluss auf die Menge hat.
Beispiele:
⇒ *Fließenleger*
⇒ *Dachdecker*

⇒ Vormontagearbeitsplätze

Formel Zeitakkord:

$$Zeitgrad = \frac{Soll - Auftragszeit}{Ist - Auftragszeit} \cdot 100$$

Prämienlohn

⇒ Neben der Menge sind noch andere Einflussgrößen wie z.B.: Qualität, Rüstzeit, Auslastung und Ausschuß möglich.

⇒ Beim Prämienlohn verläuft die Lohnlinie meist degressiv.

⇒ Anwendung von Verbundprämien als Kombination verschiedener Prämienarten. (Nicht mehr als drei !)

⇒ Der Prämienlohn liegt in der Regel höher als der Zeitlohn.

⇒ Gestaltungsmöglichkeiten sind höher als beim Akkordlohn.

Vorteile:

⇒ Breiter Anwendungsbereich

⇒ Es können mehrere Bezugsmerkmale berücksichtigt werden.

⇒ Die Entgeldhöhe kann nach oben begrenzt werden.

⇒ Leistungskennzahlen können für Planungs-, Steuerungs- und Kalkulationszwecke verwendet werden.

Nachteile:

⇒ Der Aufwand für die Datenermittlung und Lohnabrechnung ist relativ hoch.

⇒ Es ist eine laufende Überwachung der Leistungskennzahlen erforderlich.

⇒ Der Zusammenhang zwischen Lohnhöhe und Leistung ist nicht immer klar erkennbar.

Prämienarten:

1. Mengenprämien ⇒ Stückzahlen
2. Nutzungsprämien ⇒ Bemi-Auslastung
3. Güteprämien ⇒ Qualitätsverbesserung

Unproduktive Zeiten

- Maschinenausfall
- Rüstzeiten
- Krankheit
- Pausenzeit
- Instandhaltung
- Urlaub

Einflussgrößen

1. Ablaufbedingtes Unterbrechen
2. störungsbedingtes Unterbrechen
3. Erholen
4. persönlich bedingtes Unterbrechen

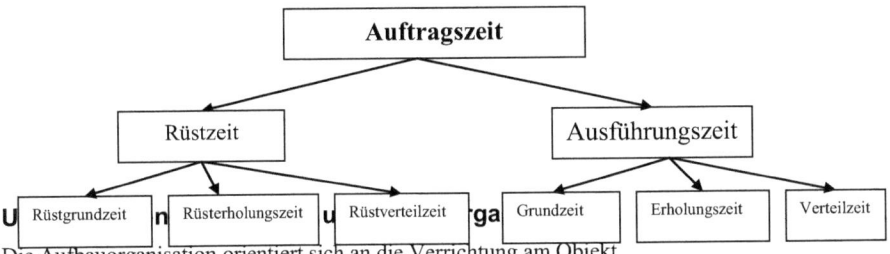

Die Aufbauorganisation orientiert sich an die Verrichtung am Objekt
Die Ablauforganisation geht darüber hinaus und nimmt die Merkmale Raum (wo?), Zeit
(wann?) zu Hilfe.
Es werden die Prozesse im Unternehmen festgelegt.

Ablauforganisation

Ablauforganisation übernimmt: Gestaltung des dynamischen Beziehungszusammenhangs
eines Unternehmens

Ziele:
- Arbeitsdurchführung (mit möglichst geringen Aufwand)
- Optimierung der Durchlaufzeiten
- Termingerechte Arbeitsausführung

Aufbauorganisationen

Aufgabe: Aufspaltung in viele Teilaufgaben

1. Aufgabenanalyse
2. Aufgabensynthese

Ziel: Stellenbildung (Grundelement)
    a) nach abstrakten Personen
    b) nach bekannten Stelleninhabern

Kompetenz: Recht und Befugnisse der Stelle
Verantwortung: Pflicht für die Erfüllung einer Aufgabe Rechenschaft abzulegen
Instanz: Stelle die Leitungsaufgaben übernimmt (für „Rangniedere")
Abteilung: mehre Instanzen

Leitungssystem

Es gibt verschiedene Leitungssysteme die an verschiedenen Unternehmen angewendet wird.

Liniensystem

Merkmale:
- Anweisung von übergeordneter Stelle
- Einheitlicher Instanzenweg
- Eindeutige Linie der Weisungsbefugnis

Beispiel: Stadtverwaltung, Gerichte, Staat

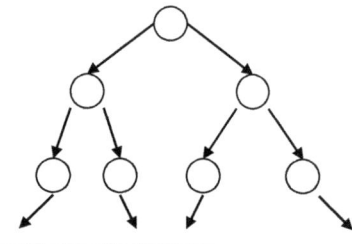

Vorteile	Nachteile
- leichte Überwachung - klare Kompetenzabgrenzung	- hoher Aufwand - schlechte Kommunikation - lange Hierarchiewege - lange Entscheidungsfindung - Überlastung der Vorgesetzten

Mehrliniensystem (Funktionssystem)

Merkmale:
Die Untergeordnete Stellen sind mehrfach unterstellt

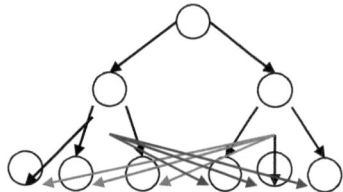

Vorteile	Nachteile
- flexibel - kurze Kommunikationswege - schnelle Entscheidungen - Erfahrungsaustausch - Entlastung Vorgesetzte - Fach- und Entscheidungskompetenzen stimmen überein	- Kompetentengerangel - Unsicherheit welche Anweisung Priorität hat - Abstimmungsprobleme

Stabliniensystem

Merkmale:
Kombination des Liniensystems mit dem Funktionssystem. Stabstellen werden eingerichtet.
Die Stabstellen übernehmen gewisse Teilaufgaben der Instanz, haben aber keine
Weisungsbefugnis.

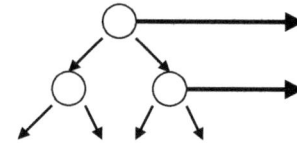

Vorteile	Nachteile
- Einhaltung des Dienstweges - Nutzung von Spezialkenntnissen	- Stab führt Entscheidungen herbei, die es nicht vertreten muss

Dionisinalisierte Organisation (Geschäftsbereichsorganisation)

Merkmale:
Struktur nach Objektprinzip. Homogene Geschäftsbereiche die alle betrieblichen Funktionen zusammenfassen.
Profit Center (strategische Geschäftsbereiche)

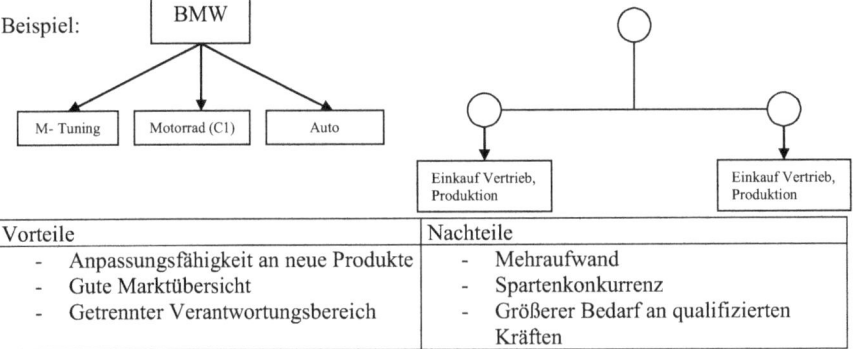

Vorteile	Nachteile
- Anpassungsfähigkeit an neue Produkte - Gute Marktübersicht - Getrennter Verantwortungsbereich	- Mehraufwand - Spartenkonkurrenz - Größerer Bedarf an qualifizierten Kräften

Matrixorganisation

Merkmale:
Überlagerung von Funktionsorientierten und objektorientierten Strukturen.

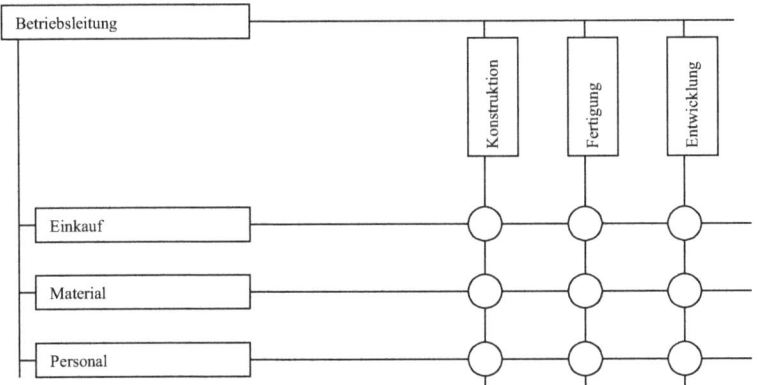

Vorteile	Nachteile
- unkomplizierte Entscheidungswege - Teamarbeit wird gefördert - Stellen steuern selbst	- hoher Kommunikationsbedarf

Stellenbeschreibung

Eine Stellenbeschreibung sollte enthalten:
- Stellenbezeichnung
- Stelleneinordnung (Vorgesetzte, Unterstellte)
- Stellenaufgaben
- Stellenbefugnisse = Kompetenzen (z. B.: Unterschriftenbefugnisse)
- Stellenverantwortung
- Stellenziele (sie sollten, wenn möglich, quantitativ vorgegeben sein)
- Stellenvertretung
- Stellenanforderung (Kenntnisse, Fähigkeiten, Fertigkeiten)

Im Stellenplan sind alle Stellen eines Unternehmens aufgeführt, unabhängig davon, ob sie besetzt sind oder nicht. Der Stellenplan hat eine *Soll- Charakter*. Ergänzt man den Stellenplan mit dem Namen des Mitarbeiters, der die Stelle innehat, so erhält man den **Stellenbesetzungsplan.**

Stellenbildung

Aufgabenanalyse ------ Aufgabensynthese

Vorgehensweise bei einer Stellenbildung erfolgt in zwei Stufen
- Aufgabenanalyse
   a. Die Gesamtaufgabe in Teilaufgaben zerlegen
   b. Teilaufgaben werden entsprechend ihrer betrieblichen Bedeutung geordnet.
      ✓ Es analysiert welche Tätigkeiten dazu beitragen, die Unternehmensziele zu erreichen
      ✓ → folglich bilden die Unternehmensziele den Ausgangspunkt
- Aufgabensynthese
      ✓ Die Aufgabensynthese führt zur Bildung verschiedener Organisationseinheiten,
      ✓ → die dann in einem Organisationssystem die hierarchische Gliederung des Unternehmens ergeben.

Unternehmensziele können sein:
- Abschluss von Verträgen
- Umsatzsteigerung
- Vertriebssteigerung

Das Unternehmensziel Gewinnerzielung wird unterteilt in immer kleinere Aufgaben.

1.

Die kleinste Aufgaben ist die Elementaraufgabe. (Beispiel ein Kundenauftrag)

2.

Im zweiten Schritt, der Aufgabensynthese, werden die Elementaraufgaben zu Stellen zusammengefasst.

Arbeitsplatzgestaltung

Aspekte ergonomischer Arbeitsplatzgestaltung

Arbeitsphysiologische ⎱
psychologische ⎰ Gesichtspunkte

Anthropometrische Arbeitsplatzgestaltung

- wichtig Körpermaße des Menschen

Anthropometrie = Ermittlung der Anwendung der Körpermaße des Menschen

Raumbedarf soll auf die Körpermaße abgestimmt und ausreichende Bewegungsfreiheit gewährleisten.

z.B.: Arbeitssitze
- Höhe 34 – 56 cm verstellbar
- Standsicher, drehbar
- Nicht schweißfördernde Sitzfläche
- Abgerundete Vorderkante
- Verstellbare Rückenlehne

Greifraum = Arbeitsraum im Bereich der Armbewegungen
- Genaue Arbeiten: 20 – 25cm Greifraum
- Bei groben Arbeiten: 45 – 50cm Greifraum

physiologische Gesichtspunkte

Körperkräfte bei Muskelarbeit
Dauer und die Schwere der Arbeit

Ziel: Wirkungsgrad der menschlichen Arbeit verbessern

Methoden
- Kraftanstrengung verhindern
- Optimale Kraftrichtung
- Vermeidung statischer Muskelarbeit
- Arbeitswechsel
- Erholungspausen

Informationstechnische Gesichtpunkte

Arbeitsprozess wird durch Austausch von Informationen gesteuert (Drehzahlmesser, Druckanzeige, usw.)

Wahrnehmung → Übertragung

Gestaltung des Arbeitsplatzes muss von den Wahrnehmungsmöglichkeiten des Mitarbeiters ausgehen.
Informationsübertragung im Betrieb: Sehen und Hören

Bewegungstechnische Arbeitsplatzgestaltung

Montage kleiner Einzelteile
Ansatzpunkte
- Bewegungsvereinfachung
    a. Bewegungsschwierigkeiten und Bewegungsbelastungen abbauen
- Bewegungsverdichtung
    a. Ausschalten unnötiger Bewegungen
    b. Beidhandarbeit
- Teilmechanisierung → Automation

Bewegungsvereinfachung

Ausgehend von einzelnen Bewegungselementen werden Einflussgrößen untersucht
→ Neugestaltung des Bewegungsablaufs

Bewegungsverdichtung
- unnötige Bewegung beseitigen
- Beidhandarbeit
- Wirkungsgrad am höchsten, wenn Bewegungen gleichzeitig in entgegengesetzter Richtung symmetrisch Verlaufen

Bewegungsklassen

Nummer 1 - 6
- ✓ Fingerbewegungen
- ✓ Fingerbewegungen + Handbewegungen
- ✓ Fingerbewegungen + Handbewegungen + Unterarmbewegung
- ✓ Fingerbewegungen + Handbewegungen + Unterarmbewegung + Oberarmbewegung
- ✓ Fingerbewegungen + Handbewegungen + Unterarmbewegung + Oberarmbewegung + Körperbewegung

Psychologische Aspekte

Licht und Farbe
- Farbgestaltung des Arbeitsplatzes kann Erkennbarkeit von Arbeitsmitteln, Maschinen und Raumteilen erhöhen
Sicherheitsfarben:
- Rot
- Gelb
- Blau
- Grün

Die Farbgestaltung sollte von einem Fachmann übernommen werden.

Arbeitssysteme

Das Fertigungsinselprinzip

Beschreibung:
Eine Fertigungsinsel hat die Aufgabe, bestimmte Produkte oder Produktteile, vom Ausgangsmaterial ausgehend, möglichst vollständig zu fertigen, man spricht auch von Gruppenarbeit.
Bei einer Fertigungsinsel müssen folgende Voraussetzungen herrschen
- Betriebsmittel, einschließlich aller benötigten Werkzeuge und Vorrichtungen
- Prüf-, und Messmittel
Müssen räumlich und organisatorisch der Fertigungsinsel zugeordnet sein.
Die Anzahl der Mitarbeiter sollte zwischen 4 und 12 Personen liegen.

Merkmale:
- Steuern und koordinieren sich selbst
- Vorgelagerte Planungs-, Steuerungs- und Dispositionsaufgaben sind integriert
- Kleine Instandhaltungsarbeiten erledigt die Fertigungsinsel
- Zuständigkeitsbereich und Handlungsspielraum der Mitarbeiter wird erweitert

Vorteile	Nachteile
- hohe Flexibilität und Reaktionsfähigkeit - schnelle Auftragsabwicklung mit kurzen Durchlaufzeiten - geringer Planung- und Steuerungsbedarf (Vorarbeiter fallen weg) - hohe Motivation der Mitarbeiter (mehr Verantwortung) - hohe Produktivität mit Unterstützung des kontinuierlichen Verbesserungsprozess	- Akzeptanzschwierigkeiten - Anpassungsschwierigkeiten in Bezug auf Zusammensetzung der Arbeitergruppe und Integration leistungsschwacher Mitarbeiter - Unsicherheiten über Entscheidungsspielräume - Geringere Kapazitäteauslastung der Betriebsmittel und höhere kosten für Werkzeuge und Vorrichtungebn - Höher Aufwand für Qualifizierungsmaßnahmen

Arbeitsstrukturierung

Job – Enlargement

Deutsch = Arbeitserweiterung
Erklärung: Das Aufgabengebiet bei der Arbeitverrichtung wird vergrößert, dadurch wird der Mitarbeiter motiviert. Er erhält mehr Verantwortung und verschieden Tätigkeiten.

Job – Rotation

Deutsch = Arbeitrotation
Erklärung: Der Mitarbeiter wechselt von Zeit zu Zeit seinen Arbeitsplatz in der Firma. Dadurch lernt der Mitarbeiter neue Maschinen und Tätigkeiten kennen.

Job – Enrichment

Deutsch = Arbeitsbereicherung
Erklärung: Der Mitarbeiter

Innovation und KVP

KVP = kontinuierlicher Verbesserungsprozess
Begriff: Erfahrungen der Mitarbeiter zur Erhaltung der Konkurrenzfähigkeit

Verbesserungsvorschlag

Jede Brauchbare oder umsetzbare Idee die den Ist- zustand verbessert.
VV liegt vor
- gegenüber Ist- zustand Verbesserung
- Einführung des Vorschlags <u>wirtschaftlich</u> sinnvoll
- Wenn die Maßnahme neu ist
- Wenn Verbesserungen ohne Anregung nicht durchgeführt worden wäre

- **Einreicher**
   a. Mitarbeiter so viel wie möglich
   b. Betriebsfremde Personen
- **BVW – Beauftragter**
   a. Registrierung
   b. Verwaltung
- **Gutachter**
- **Bewertungsausschuss**